Testamento del Pájaro Solitario

José Luis Martín Descalzo

Testamento
del pájaro solitario

evd

Editorial Verbo Divino
Avenida de Pamplona, 41
31200 Estella (Navarra), España
Teléfono: 948 55 65 11
Fax: 948 55 45 06
www.verbodivino.es
evd@verbodivino.es

24ª reimpresión (año 2015)

Dibujos: J. Vaquero Turcio, por cortesía
de Luis López Anglada

© 2006, Herederos de José Luis Martín Descalzo
© 1991, Editorial Verbo Divino

Impresión: GraphyCems, Villatuerta (Navarra)
Impreso en España - *Printed in Spain*

Depósito legal: NA 1185-2015
ISBN: 978-84-7151-759-3

*En homenaje a
y en seguimiento de
san Juan de la Cruz*

Razón de ser

El primero de los libros que publiqué –hace ahora treinta y tantos años– se titulaba *Un cura se confiesa*. Este último podría titularse *Un alma se confiesa,* porque es, en realidad, el más autobiográfico, el más interior, de cuantos escribí.

Pero quiero precipitarme a decir al lector que cuando hablo de alma y autobiografía no aludo a las "mías" únicamente, porque mi sueño sería que en estas páginas encontrara cada lector las historias de su propia alma, su autobiografía personal. En rigor, todos somos hermanos de todos, padres de todos, hijos los unos de los otros, y por donde pasa un alma pasan las de los demás. Por eso, cuando yo desnudo mi corazón en estos versos, espero que sean muchos otros los que se vean sangrar o sonreír.

Y aunque sé muy bien que la poesía, por difícil que pueda ser, ni necesita ni pide explicaciones que emborronen con su lógica y su ideología lo que el lector debe encontrar más con su sensibilidad que con su inteligencia (ya que la poesía, como la arquitectura de las catedrales, primero se siente y solo después se comprende), sí quisiera situar al lector en la órbita en que estos poemas fueron escritos, todos ellos "a zaga de la huella" de san Juan de la Cruz, la compañía de cuya obra he disfrutado al tiempo que componía estas páginas. Si bien no quiere decir esto que todos y cada uno de los poemas de este libro broten de él –pues muchos son hasta bastante antiguos en su composición–, pero sí es sanjuanista tanto el enfoque como la arquitectura de este "Testamento".

Porque me gustaría decirle al lector que no está ante una acumulación casual de poemas sueltos. No; quieren y requieren ser leídos "como conjunto", contrapesándose los unos a los otros, ayudándose mutuamente, incluso en ese juego que hace que las cuatro partes del libro se abran con otros tantos poemas libres y largos que, luego –en un esfuerzo por unir lo clásico y lo moderno–, son comentados, desarrollados o ampliados por otras tantas series de sonetos semibarrocos.

Y las cuatro partes del libro marcan y siguen un camino que en lo fundamental gira sobre los más altos textos sanjuanistas.

El primero es el "Cántico". Cántico que, en mi caso, no es –¡qué más quisiera yo!– el estallido de amor del alma enamorada que busca febrilmente a su Dios. El mío es, más bien, el del mediocre que huye de Él. Un buen día un hombre –un hombre de sesenta años como yo– se planta ante su espejo y descubre que él no es otra cosa que aquel pájaro solitario –aquel manojo de plumas– del que en varias ocasiones hablara san Juan de la Cruz. Contempla su vida, y es una colección de vacíos. Y no porque le hayan faltado ocasiones de amar, sino porque ha girado en torno a Dios sin querer entregarse, jugando siempre a dos barajas entre Él y el mundo. Hasta que un día Dios —que en mi poesía es más el halcón que nos busca que el ciervo que nos huye— nos "atrapa" y hace suyos, sencillamente porque le da la gana. Entonces, sin haberlo buscado ni merecido, se encuentra el alma con el "adobado vino", con el "mosto de granadas" de los que hablara el poeta de Fontiveros, y hasta ve que sus sentidos (la "caballería", según la imagen de fray Juan) pueden bajar tranquilos a beber de las aguas de Dios, en un "Cántico" que concluye también con un estallido de gozo.

Todo este caminar del poema inicial es el que desarrolla después la serie de sonetos que lo amplía: la búsqueda de nuestro verdadero rostro; las noches oscuras del vacío y la soledad cósmica por las que atravesamos; el lento encuentro con Dios y con las cosas por los caminos del asombro y la ternura; hasta llegar al sueño deseado —y tal vez nunca conseguido— de realizar las condiciones que san Juan proponía al pájaro solitario.

La segunda andadura de este Testamento es la "Noche oscura", pero tampoco esta vez es —como en nuestro guía— la noche oscura del alma, sino la del cuerpo. El hombre, en una encrucijada de su vida, se encuentra con el dolor (y ya no el soñado y temido, sino el sangrante) y con todas las desgarradoras preguntas que plantea. La voz se vuelve "grito", sobre todo cuando se descubre que el problema no es el del propio dolor, sino el del mundo entero que ya no tiene más respuesta que la de hundirse en el Huerto de los Olivos.

Y también esta vez una serie de sonetos desarrolla el progresivo encuentro con la idea de la muerte. Eso que fue hipotético y lejano en los años juveniles, se va haciendo tangible y va, a la vez, aclarándose desde la total oscuridad hasta algo parecido a la luz.

La tercera andadura habla de "la fonte que mana y corre". El poeta tiene que preguntarse cuál es el manantial del que brota todo cuanto posee y regresa en la memoria al día de su ordenación sacerdotal, que señaló decisoriamente su destino. "Es" sacerdote, y la eucaristía no puede ser, para él, un añadido, sino algo que le constituye como tal ser concreto. Aun cuando sabe –¡ah, qué bien lo sabe!– que está muy lejos de "ser" eucaristía.

Esta cercanía y distancia es la que aclaran los sonetos eucarísticos que siguen, que están escritos dentro de la más clásica forma del estilo barroco.

Y llega el "Final": el "testamento" que da título a este libro. Un testamento que no es un cierre de nada, sino un balance de mucho, o de lo poco que se es y se tiene. A fin de cuentas, solo un poco de esperanza.

Y esta vez el comentario son los cinco mansos sonetos que "cuentan" la muerte y la no-muerte del autor. Que sueña con llegar un día a gozar de "la noche-luz tras tanta noche oscura".

Parte primera
Cántico

Cántico
en el que el Pájaro
se pregunta
por su existencia

Cuando, al fin, entendí que solo era
un manojo de plumas,
una canción que, porque nace, muere,
o tal vez la memoria de un beso en un espejo,
¿cómo creer que has sido, que has amado?

Por pura gracia
alguien pasó sus dedos por mis plumas
y me dio la verdad de la existencia.
¡Haber sido querido por Ti,
por Ti, que haces que un pájaro
hasta pueda llegar a creerse que ha vivido!

Al cabo de los años
¡mira el tesoro de todos tus vacíos!
Aquí y allá fuiste dejando algo parecido a una huella;
decían tu nombre, lo escribían incluso,
contaban que algún día cantaste en una rama
        iluminándola,

pero tú bien sabías
que eras solo una torre de nadas, viento, viento.

En el antiguo álbum, los retratos
reproducían todos el mismo rostro:
un óvalo vacío, alguien dormido,
alguien que se sospecha que, con algún esfuerzo,
        hasta pudo llegar a vivir, mas no lo hizo.
Un mirlo
que cantó una vez en una rama,
sin que la rama, ni el pájaro, ni el canto hayan
        existido jamás.

Y, sin embargo, sí, había un árbol,
un árbol de la vida, frondoso,
con millones de ramas preparadas.
Sí, Tú estabas allí,
un árbol verde, sin otoños,
porque el amor no amarillea nunca.

Pero ¿qué sabes, qué sabes, hombre, tú de amor?
Si te hubieras posado en esa rama
que estuvo preparada para ti,
¿habrías entendido?
Ah, el mendigo cruzó con su escudilla miserable
y si alguien le hubiera arrojado la moneda de oro
¿la habría distinguido de una hoja de otoño volada
        por el viento?

Yo recogí mendrugos
que apenas si sabía masticar
con mis pobres dientes de papel.
Llegué, lo más, a chupetear el gozo:
recuerdo aquellos senos blancos
y la gran confusión del amor con un desagüe.
Nos reíamos mucho. Los relojes del *whisky*
bajaban tambaleándose las escaleras de la noche
mientras las estrellas miraban asombradas desde el
    cielo.

Y Tú, Amor, ¿dónde estabas?
Te veo en todas las encrucijadas de las horas
    perdidas, gritando:
"Necesito repartir transfusiones de vida",
mientras ante tus pies desfilaba el entierro
de todas las palomas asesinadas aquella misma
    noche.

¿Y yo? ¿Y mi pájaro?
No sé si por temor al mundo o por amor a Ti
yo revoloteaba sobre tus hombros.
Me posaba, incluso, sobre ellos.
Y no decía que sí.
Y no decía que no.
Y ni siquiera "tal vez".
O decía: "Me gustaría cantar",
pero nunca quería acabarme de enterar de que
    cantar no es hilvanar sonidos,

sino sangrar. Mi pájaro
tenía siempre demasiadas razones
para seguir jugando a dos barajas.

A veces hasta llegaba a pronunciar tu nombre,
pero no era de Ti de quien hablaba,
sino de tus suburbios,
y así, mientras Tú, ciervo perseguido,
cruzabas la pradera incandescente
en la que yo me carbonizaría
si llegara a pisarla siguiéndote, mi pájaro
hacía encaje de bolillos teológicos
y estaba cerca de Ti,
pero jamás en Ti, contigo.

Y, si alguna vez mi cántico y el tuyo parecían
	juntarse,
el ayer tentador se me volvía
celoso, asegurando
que elegirte a Ti era como quedarse sin casco ni
	velamen:
"Dios solo tiene noche", me decía.
Y yo, cobarde pero lúcido, sabía que eso era cierto
y gritaba:
"Flores, cubridme;
adormecedme, músicas;
y tú, Beatriz, distiende la miel de tu melena,
y lograd, entre todos, que este celoso Dios se aleje
o que pase de largo, persiguiendo piezas mejores.

¡Ah, bien quisiera apostar por los dos!
Mas, si es inevitable elegir, ¡dame, oh Mundo, tu
lecho!".

Pero un día, todo cambió.
No fue que yo despertase,
ni es que cayeran rodando por los suelos mi
indecisión y mi ceguera;
es que Él,
el Halcón,
se derrumbó en picado sobre mí,
escudriñó mi corazón y mis riñones,
y, con sus dulces garras, me atenazó
diciéndome: "Tú serás mío, porque eres mío";
me engendró,
me poseyó
como un hombre a una mujer
o como una espada el cuerpo que atraviesa.

Y yo no tuve nada que decir ni explicar: Existía.
Existía ya casi tanto como Tú.
Iba volviéndome amor.
Ibas limpiando mi sangre de su escoria,
poniendo verdadera alegría donde solo hubo fuegos
de artificio,
dándome el misterioso "vino adobado" de tus besos,
dejándome amar ya todo sin hacer distinciones,
sin saber siquiera muy bien si "Amor" se escribe con
mayúscula o no.

Y ya los dos picoteábamos del mismo Pan
y mamábamos del seno misterioso de tu Madre
y "mi caballería
a vista de las aguas calladas descendía".
Ya no conté mis años: esperarte y amarte era lo
        mismo,
juntos pastábamos la soledad del mutuo amor
herido,
bebíamos "el mosto de granadas" y el silencio
de estar solos y acompañados en la feria del mundo.
Y, si ahora me voy, será igual que si me quedo.
Y, si canto, mi voz será de otro.
Y, si late eso que llaman corazón,
no sabré dónde late, ni de quién es.
¡Oh, Halcón! ¡Oh, Pájaro! ¡Oh, Amor sin apellidos ni
        riberas!

Donde el Pájaro busca, entre sus varios rostros, cuál sea el verdadero

I El cansado

Aquí tenéis, llegado a los sesenta,
a aquel muchacho tan desconcertado
que, hace treinta años, os habló cansado
de haber vivido tan sin darse cuenta.

Treinta años hace (yo tenía treinta),
recuerdo que me hallé tan desnortado
que tuve miedo de llegar hastiado
de vivir sin vivir a los sesenta.

Recuerdo que me dije: "Cuenta, cuenta
todas tus horas, o sin darte cuenta
dormido rodarás desmoronado

la misma cuesta que estos otros treinta".
Hoy hago mi balance desolado:
Treinta años dormí, dormí sesenta.

II El avaro

¡Ah, cómo tengo que vivir: tensando
noche a noche mi sangre! ¡Día a día
frenando el corazón en la alegría,
ahorrando esperanzas, ahorrando!

¡Ah, cómo tengo que vivir: llevando
los minutos al céntimo: podría
desmandárseme uno, y quedaría
¿dónde, en qué mar, en qué ciclón, vagando?

Solo una vez me dan, de punta a punta
de lo eterno, la vida. Solamente
una vez me formulan la pregunta.

¡Y he de acertar el blanco ciegamente!
Avaro soy de mí. Y avaramente
me tendré que vivir de punta a punta.

III El mentiroso

Lleno estoy de mentiras. Miento cada
pedazo de palabra. Digo: "Siento
tal o cual cosa". ¿Y lo creéis? Me invento
el corazón. El alma está parada.

Diréis cuando me vaya a la Morada:
"Cuando todos mentían, dijo: Miento".
Construiréis castillos en el viento:
diciéndolo, inventé mi coartada.

¿Es que se puede hablar? ¿Es que podría
deciros yo quién soy? Pero callando
en lengua de silencio mentiría.

¡Si he de mentir, prefiero hacerlo hablando!
Y así, si habláis de mí, diréis un día:
"Tenía que mentir. Mintió llorando".

IV El esperanzado

Sé que voy a perder mi vida. Pero
no importa, seguiré, sigo jugando.
Y, aunque sé que me estoy desmoronando,
voy a esperar, sigo esperando, espero.

¿Dónde quedó mi corazón primero?
¿Dónde el amor que amaneció silbando?
¿Dónde el alegre adolescente? ¿Cuándo
mi alma cambié por este vertedero?

Pero voy a seguir en esta noria
de la esperanza, terco, testarudo.
¡Levantad acta a mi requisitoria!

Tal vez un día se deshaga el nudo.
Y, si no puede ser, dirán: "No pudo.
Pero murió a las puertas de la gloria".

V La marioneta

No digáis: fue así, así. Le hicieron;
le trajeron aquí; se fue dejando;
le enamoraron; se enamoró; cuando
dijeron que a morirse, le murieron.

Tenía más amor del que le dieron;
lo repartió sin mendigar, guardando
muy poco para sí; se fue quedando
con trozos que los otros malcomieron.

Le adoraban y nadie le quería,
o tal vez le querían de otros modos,
como quieren las aguas a la fuente,

como se quiere al sol, al sol que todos
quieren y nadie nunca besaría.
Murió envidiando al sol y la corriente.

VI El jugador

Y un día, al cabo, la pregunta llega:
¿a qué jugabas?, ¿quién vivió tu vida?,
¿solo esquivar el llanto y la partida?,
¿solo esconderte a la gallina ciega?

Viviste sobre la interior bodega
en un vacío galopar: la huida
no era freno, ni sed, ni ardor, ni herida,
sino algo que ni sacia ni sosiega.

No fuiste ángel ni hombre. Ni siquiera
santo, borracho o bailarín. Pasabas
de un amor a otro, a otro, a otros.

Lo humano y lo divino: Todo era
juegos de azar en los que ni jugabas.
Y hoy te descuartizan tus dos potros.

La noche oscura
del Pájaro Solitario

I Vacío en la noche

A veces, en la noche, hay un crujido
de nieve sucia, galopando, muerta,
que deja el alma extremaunciada y yerta
y ya no sabes para qué has nacido.

Y ya no sabes para qué has vivido,
y se queda la sangre tan desierta
que te sientas, perdido, ante tu puerta,
ante tu puerta, sin por qué, perdido.

¿Quién eres? ¿Dónde estás? ¿Por qué tus huesos
se obstinan en ser "polvo enamorado"?
¿Por qué tienes en lista tantos besos

que nunca diste, que jamás te han dado?
¿Por qué todos tus sueños nacen presos
dentro de un corazón encadenado?

II Estamos solos

Estamos solos, flores, frutas, cosas.
Estamos solos en el infinito.
Yo sé muy bien que si esta noche grito
continuarán impávidas las rosas.

Junto a mi llanto seguirán gloriosas
las azucenas, si las necesito.
No sufre el árbol por mi amor marchito.
No lloran por mi sed las mariposas.

Canta el mar a la orilla de mi llaga.
Su melena de estrellas florecida
sobre el hambre del hombre el sol pasea.

Amé a las cosas y esta fue su paga:
seguirán vivas todas sin mi vida,
la luz continuará sin que la vea.

III El laberinto

De niño yo creí que todo era
como la sangre que en mi pecho ardía.
Que vivir era un chorro de alegría.
Que crecer era un sol de primavera.

De niño yo creí que bastaría
con sonreír para que el mundo ardiera.
Que bastaría con que yo tuviera
el alma en pie para que fuese mía.

Y ahora estoy en esta encrucijada
que no sé dónde acaba y dónde empieza,
laberinto del todo y de la nada

donde flota, entre sombras, mi torpeza.
¡Y hay dos tigres dormidos en mi almohada!
¡Y hay un león bramando en mi cabeza!

IV Amor y humo

"Un corazón solitario no es un
corazón" *(Antonio Machado)*

¿Y qué es, entonces, el corazón mío:
una fruta que alguien puso, podrida,
dentro de mí? ¿Una piedra dormida?
¿Una hoguera congelada en el frío?

¿Un llanto almacenado? ¿Un sombrío
galopar de caballos? ¿Una herida
hacia dentro del alma? ¿Una guarida
de miedos, soledad y desvarío?

Estar solo es morir. Lo sé. Lo entiendo,
pues yo soy un experto en soledades
y en soledad mi corazón consumo.

Yo nací solo. Yo nací sabiendo
que cruzaría todas mis edades
sembrando amor y cosechando humo.

V El error

Está claro: no sirvo para humano.
Yo debí detenerme en los umbrales
de la infancia, en los tiernos pañales
del corazón de mi primer verano.

Mi error fue crecer. Tender la mano
al corro aquel de los demás mortales
donde todos vivían a raudales
y yo solo tenía mi mecano.

Solo tenía juegos y esperanzas.
Solo llevaba sueños y alegría.
Solo sabía lo que no sabía.

Solo esperaba bienaventuranzas.
Solo albergaba llanto para un día.
¡Y aquí todos vivían entre lanzas!

De los pasos que el Pájaro dio hacia la luz en sus encuentros con Dios y con los hombres

I El nombre del invisible

Cuando tu nombre oí por vez primera
—Dios, Dios, Dios— misterioso y venerado,
¿qué quería decir? ¿Un sol dorado?
¿Una estrella inventada? ¿Una quimera?

Dios, Dios, me repetía. Dios, ¿qué era?
¿El seno de mi madre recobrado?
¿Era el amor? ¿Un balón? ¿Un helado?
¿La flor gloriosa de la primavera?

Tus cuatro letras en mi boca daban
vueltas y vueltas como una bebida.
Tal vez, saboreándolas, hallara

la verdad de tu ser. Y ellas giraban,
y Tú llenabas de sabor mi vida,
pero seguías sin mostrar tu cara.

II La primera puesta de sol

... Y el niño que yo era lo miraba
hipnotizado, sin respirar. Temía
que el corazón ceniza se me haría
mientras el gran gigante agonizaba.

¿Quién hay "dentro" del sol?, me preguntaba.
¿Quién enciende su fuego?, me decía.
¿Quién me habla entre sus llamas? ¿Qué quería
la voz de aquella luz que me gritaba?

¿Era Dios? ¿Era el fuego de sus ojos?
¿Era infierno o amor? ¿Aquella hoguera
creaba o destruía en sus abrazos?

Y me tendí bajo sus rayos rojos
para que con su lengua me lamiera.
Y me dejé arrullar entre sus brazos.

III La visita a la catedral

Recuerdo que una mano me llevaba
y que, en la mano, un corazón latía,
una savia caliente que subía
por mis dedos y que me confortaba.

Recuerdo que mi madre la apretaba
como abrazando mi alma, que decía:
"Mira, aquí está Dios, Dios", y que tenía
temblor su voz cuando lo mencionaba.

Y yo buscaba al Dios desconocido
en los altares, sobre la vidriera
en que jugaba el sol a ser fuego y cristal.

Y ella añadía: "No le busques fuera,
cierra los ojos, oye su latido.
Tú eres, hijo, la mejor catedral".

IV Miedo en la noche

(Soneto falso)

Algunas veces, al llegar la noche
yo me volvía ateo algunas horas,
arropado en las sábanas del miedo,
pues Dios estaba enfermo de los ojos.

Y, mientras se volvía la luz tuberculosa,
iban a refugiarse en la sombra los muebles
y hasta mi madre desaparecía,
dejando a los murciélagos su oficio.

Y yo entonces rezaba: "Dios, que has muerto,
¿no podrías volver para curarme el miedo?".
Y Él callaba, callaba muchos siglos en la noche.

Hasta que, al fin, con la mañana, volvía la luz
y yo entonces creía y podía dormirme
dulcemente en sus brazos recobrados.

V En la nieve

Aquella vez yo te encontré en la nieve.
Me habían dicho: "No abras la ventana,
que tiene mil cuchillos la mañana
y hoy ni el sol a madrugar se atreve".

¡Oh, pálido rostro de Dios! Un leve
sonido solitario de campana
cruza mi corazón. Una lejana
lluvia de paz sobre mi pecho llueve.

Y Tú estabas allí, oh Dios callado,
oh Dios sin estrenar, Dios recién hecho,
esperando que te inaugure el hombre.

Y yo crucé tu corazón nevado,
surqué el blanco silencio de tu pecho,
niño feliz rodando por tu nombre.

VI El muerto

A los 6 años vi el primer muerto:
un muchacho que traían de la guerra

Mas te encontré en la sangre, sobre todo.
En aquella cabeza destrozada
de mi amigo Manuel y en su mirada
enterrada entre coágulos y yodo.

Tú morías con él, codo con codo.
Aquella era tu sangre derramada.
Ni Tú sin él, ni él sin Ti sois nada,
pues ser Dios es ser hombre de otro modo.

Tú estás dentro de él, porque Tú eres
el aire que respira, la alegría
y la esperanza que sus llantos calma.

Tú estás en él, porque si no estuvieres
nadie sobre la tierra viviría.
Tú eres el hombre en sueño, carne y alma.

VII Las cosas

No les pido a las cosas que sean más que cosas.
No le pido a la rama que sea más que rama.
No espero que la llama arda más que la llama.
No sueño que las rosas parezcan más que rosas.

No les pido a las frutas que sean milagrosas.
No exijo al sol el oro de su fama.
No ansío que florezca diamantes la retama.
Siendo más, no serían más hermosas.

Sea fiel a sí misma la manzana
y sea el viento, viento consecuente.
No le preocupe al campo ser barbecho.

Sea la nieve solitaria y cana.
Bástele al agua con ser transparente.
Dios, con ser Dios, lo halló todo bien hecho.

VIII Fe

Jugando con Lope

En medio de la sombra y de la herida
me preguntan si creo en Ti. Y digo
que tengo todo cuando estoy contigo:
el sol, la luz, la paz, el bien, la vida.

Sin Ti, el sol es luz descolorida.
Sin Ti, la paz es un cruel castigo.
Sin Ti, no hay bien ni corazón amigo.
Sin Ti, la vida es muerte repetida.

Contigo, el sol es luz enamorada
y, contigo, la paz es paz florida.
Contigo, el bien es casa reposada

y, contigo, la vida es sangre ardida.
Pues si me faltas Tú, no tengo nada:
ni sol, ni luz, ni paz, ni bien, ni vida.

IX Planeta tierra

"Y tú, Belén, de ninguna manera eres la
menor entre las ciudades de Judá,
pues de ti saldrá un caudillo"
(Mt 2,6)

"Amor que mueve el sol y las estrellas"
(Dante)

Y tú, en verdad, no eres la más hermosa
de las estrellas, ni la más luciente.
El padre Sol es infinitamente
más fuerte con su llama poderosa.

Sirio es más brillante. Y la gloriosa
Vía Láctea más jardín y fuente.
Venus, más clara; Marte, más ardiente.
La misma Luna es más misteriosa.

Mas tú, pequeña, eres de las estrellas
del universo la más importante,
porque tú eres casa y fuiste cuna.

No tengas nunca, Tierra, envidia de ellas.
Que si tienen más luz, tú vas delante
en ese amor que mueve Sol y Luna.

X Peras con canela

A la misteriosa noche en que san Juan
de la Cruz huye de su cárcel de Toledo

Mientras el cielo está de centinela,
al fraile con el cuerpo malherido
las monjas conmovidas le han servido
unas peras cocidas con canela.

Lee el fraile al amparo de una vela
unas pocas canciones que ha podido
rescatar de la cárcel, donde ha sido
huésped, cautivo, pájaro y gacela.

Son canciones de amor sobre el Amado
que huyó como una cierva en la espesura
dejando a quien le busca des-almado.

Y las monjas, ardiendo de alegría,
escuchan a este fraile desmedrado
mientras la fruta se le queda fría.

De las condiciones del Pájaro Solitario

"Las condiciones del pájaro solitario son cinco: la primera, que se va a lo más alto; la segunda, que no sufre compañía, aunque sea de su naturaleza; la tercera, que pone el pico al aire; la cuarta, que no tiene determinado color; la quinta, que canta suavemente. Las cuales ha de tener el alma contemplativa: que se ha de subir sobre las cosas transitorias, no haciendo más caso de ellas que si no fuesen, y ha de ser tan amiga de la soledad y el silencio que no sufra compañía de otra criatura; ha de poner el pico al aire del Espíritu Santo, correspondiendo a sus inspiraciones, para que, haciéndolo así, se haga más digna de su compañía; no ha de tener determinado color, no teniendo determinación en ninguna cosa, sino en lo que es voluntad de Dios; ha de cantar suavemente en la contemplación y amor de su Esposo."

Dichos de luz y amor
San Juan de la Cruz

I

"... la primera, que se va a lo más alto"

Si fuera yo, si fuera yo, si fuera
un pájaro de llama enamorado,
un pájaro de luz tan incendiado
que en el silencio de tu noche ardiera;

si pudiera subirme, si pudiera
muy más allá de todo lo creado
y en la última rama de mi Amado
pusiera el corazón y el alma entera;

si aún más alto, más alto, y más volara,
allí donde no hay aire ya, ni vuelo,
allí donde tu mano es agua clara

y no es preciso mendigar consuelo,
allí –¡qué soledad!– yo me dejara
dulcemente morir de tanto cielo.

II

> "... la segunda, que no sufre compañía,
> aunque sea de su naturaleza"

¿Y qué has hecho de mí, pues a desierto
me sabe todo amor cuando te has ido?
Tú lo sabes muy bien: yo siempre he sido
un mendigo de amor en cada puerto.

Tendí mi mano en el camino incierto
de la belleza humana: cualquier nido
podía ser mi casa, y he pedido
tantos besos que tengo el labio muerto.

Y ahora todo es sal. Me sabe a tierra
el pobre corazón. Estoy vacío.
El calor de un abrazo es calor frío.

Pues tu amor me redime y me destierra
y sé que mientras Tú no seas mío
hasta la paz va a parecerme guerra.

III

"... la tercera, que tiene el pico al aire"

Al aire de tu vuelo está mi vida.
Perdido en el silencio más delgado,
despojado de mí, deshabitado,
abierto estoy como se abre una herida.

Abierto a Ti, mi corazón se olvida
de respirar y, estando tan callado,
escucha los latidos del Amado,
la voz de amor que a más amor convida.

El pico al aire, el viento de tu viento
respirará gozoso en la arboleda,
porque tu voz es todo mi alimento.

Y, mientras a tus pies mi canto queda,
en el silencio dormiré contento.
Lejos el mundo rueda, rueda y rueda.

IV

"... la cuarta, que no tiene determinado
color"

Al acercarme al agua de tu río,
lo que yo fui se fue desvaneciendo,
lo mucho que soñé se fue perdiendo
y de cuanto yo soy ya nada es mío.

Ya solo en Ti y en tu hermosura fío,
soy lo que eres, acabaré siendo
rastro de Ti y triunfaré perdiendo
en combate de amor mi desafío.

Ya de hoy no más me saciaré con nada;
solo Tú satisfaces con tu todo.
Un espejo seré de tu mirada,

esposados los dos, codo con codo.
Y, cuando pongas fin a mi jornada,
yo seré Tú, viviendo de otro modo.

V

Yo que hablé tanto, tanto, tanto y tanto,
que siempre fui un charlatán del viento,
un mayorista de palabras, siento
que no me queda voz para tu canto.

Y hoy que, temblando, mi canción levanto,
se quiebra en mi garganta el sentimiento
y ya más que canción es un lamento,
y ya más que lamento es solo un llanto.

Adelgázame, Amor, mi voz ahora,
déjala ser silencio, llama pura,
río de monte, soledad sonora,

álamo respirando en la espesura.
Déjame ser un pájaro que llora
por no saber cantar tanta hermosura.

Parte segunda
Grito

Grito
del Pájaro Solitario
en la noche solitaria

Tardaste cincuenta años en llegar a mi carne,
noche oscura del cuerpo, dolor, cuchillo gris,
que hoy sacudes mi alma lo mismo que un mantel
    después de una comida
y vienes a un entierro en el que apenas hay nada que
    enterrar.
Mas llegas como un ejército invasor
que va dejando un hospital de guerra en cada hueso.
Surges entre las grietas de mi carne
como una maldición bíblica
en la que las espigas nacieran al revés: hacia abajo.

He aquí que, durante cincuenta años, me sentí
    orgulloso de mi carne.
Me bastaba empinarme para poder llegar a las
    estrellas
y mi cuerpo era un río puesto en pie de puro júbilo.
Hasta podía hablar de la Noche oscura como se
    habla de Eldorado,
sabiendo que toda noche es pórtico del sol.

Mas ahora que mis piernas pesan como dos columnas
 del Templo de Salomón
y que mi corazón galopa como un caballo cojo;
ahora que necesito limpiar a todas horas mi sangre
 como las botas de un húsar
y que mi alma parece a veces una candelica que
 parpadea al viento y pudiera simplemente
 reducirse, de un momento a otro, a un hilillo de
 humo;
ahora que mi existencia es un soy y un no soy,
con la palabra "mañana" sabiéndome a cenizas en los
 labios,
¿cómo volver a hablar de la noche haciendo juegos
 florales?,
¿cómo regresar a Ti sin la boca aulladora?
Halcón, oh Halcón, que arrebatas mi vida,
¿por qué, antes, comerte, mordisco a mordisco, mis
 entrañas?
¿Es que no sabes
pescar sino desguazando, celeste Halcón carnívoro?

¿Por qué haces sufrir a esta leña seca?
¿No tiene bastante ya con estar muerta?
¿O es que aún esperas algo de mí?
Se entiende que alguien ponga el oro al crisol,
¿mas sirve de algo acrisolar el barro?
Déjame ya decírtelo: estoy cansado,
pido una tregua,
déjame.

Porque Tú eres, además,
terco. Giras
sobre el polluelo como si en todo el orbe no existiera
   otra caza.
El dolor, Tú lo sabes, no es dolor hasta que no es
   multiplicado por el tiempo.
Lo que pasa, pasa,
y hasta la corona de espinas duró solo seis horas.
Pero en mí tu cuchillo lleva años y años penetrando.
¿No te quedan heridas que, al menos, duerman
   durante la noche?
Mírame caminando sobre un campo de minas,
ah, pobre pájaro, que pesas más que vuelas.
¿No podrías llegar, muerte, antes de que termine de
   volverme estéril?

Y, sin embargo, yo sé que ese dolor es tuyo
y Tú no sabes otra cosa que amar y bendecir
(aunque tu garra arañe al querer acariciar).
Tú lo repartes y lo distribuyes,
Tú lo recoges lo mismo que reúnes cada noche las
   estrellas, como una gallina sus polluelos.

Y también sé que ese dolor es justo.
¡Ah, si pudiera decir yo como Job: Soy inocente!
Pero ¿de veras es tan grande mi pecado
para que sean necesarios tantos litros de sangre en su
   colada?

Sé que, además, Tú regalas con cada latigazo dos
    sacos de coraje
y consigues que el pozo de la sonrisa no se deseque
    nunca,
y, a fin de cuentas, malheridos y todo podemos aún
    volar
y hasta contar a otros que volar sigue siendo posible.

Pero el problema es otro.
Porque no se trata, ¡ay!, de mi dolor.
El pájaro no es pájaro
hasta que no descubre
que no hay más que una lágrima, inmensa y
    repartida,
que en las venas de cada hombre se combaten todas
    las guerras que han visto los astros,
porque, en verdad, la humanidad es solo una
    sombra sollozante.
¿Y cómo iluminar el llanto
de los otros,
los muchos,
los millones que sufren?
Tú, que en la noche oscura
ves una hormiga negra
sobre un mármol negro,
¿cómo aceptas que el hombre arrastre sus cadenas sin
    encontrar respuesta?
Es de noche, Halcón.
Es de noche.

Aún no hemos salido de aquel Huerto.
Deja, pues, a tu pájaro que llore mientras canta.

Primer presentimiento de la muerte

I

Por vez primera hoy tu nombre escribo,
muerte que ya me lames los talones.
Por vez primera entre mis versos pones
tu negro luto, tu fulgor esquivo.

Mi corazón se sienta en el estribo
mientras el tiempo se me va en jirones
y el alma se me llena de crespones
porque empiezo a morirme mientras vivo.

Como si de repente me creciera
una vertiginosa calentura,
toco bajo la piel mi calavera,

la semimuerte silenciosa y dura.
Y me huele la mano a sepultura.
Y ya es ceniza el sueño de mi hoguera.

II

Ya crece en algún bosque la madera
que albergará mi corazón postrero.
Ya canta entre sus ramas un jilguero
que terco cantará cuando yo muera.

Ya está dispuesta el hacha traicionera
que talará este pino. Ya me espera
entre bostezos el sepulturero.
Mi losa salió ya de la cantera.

Ya podéis ir grabando las palabras
que pondréis en mi tumba. Solamente
dejad en blanco el sitio de las fechas.

Es hora, muerte, ya de que me abras
tu amarga puerta, descaradamente.
Que yo ya tengo las maletas hechas.

III

Dime si sabes, dímelo si puedes,
de qué muerte salieron nuestras vidas,
qué colección de lágrimas medidas
nos dieron al nacer como mercedes.

Como un pez apresado entre las redes
me agito loco en locas sacudidas
y tengo el corazón lleno de heridas
de tanto golpear con las paredes.

Decidme de qué ramo de locura
salió esta farsa de sentirnos hombres
para ser polvo sin haber nacido.

Este es mi rostro, mi caricatura.
Esta es mi torpe colección de nombres.
Esta es la tumba en la que no he vivido.

IV

¡Y tanto amor y para qué y por dónde,
y tanta sangre solitaria y seca,
tanto girar de calavera hueca,
tanta cuestión que nadie nos responde!

Una voz que te llama y que se esconde;
un hilo que no sabe de su rueca;
ir y venir de la ceca a la meca,
ir y venir sin por qué y sin adónde...

Barcos perdidos, corazones yertos,
un sol sin luz, campanas sin badajo,
gritos sin voz, palabras sin sonido...

¡Descubriremos cuando estemos muertos
que se nos fue la vida cuesta abajo
y que hemos muerto sin haber nacido!

V

La condición del hombre es la tristeza,
una sucia tristeza que se ignora.
Recién nacido, el hombre llora y llora
y se siente perdido en su torpeza.

Aún no ha aprendido a andar y ya tropieza
y se empieza a morir hora tras hora
de una desvalidez conmovedora
que ya no acaba nunca cuando empieza.

El hombre es un cordero que supiera
que su oficio es morir, desvanecerse
sin llegar a vivir, y que pidiera

que le dejen morir, sin defenderse.
No es que quiera morir: es que quisiera
regresar a nacer... y desnacerse.

VI

¡Los caballos, los caballos, Dios mío!
He escuchado esta noche sus pisadas,
galopando hacia mí, en oleadas
como un viento de crines hacia el frío.

Un sonar de relinchos como un río,
espumosos los belfos, las miradas
sanguinolentas, rojas las ijadas,
ángeles del furor y del vacío.

¿Son necesarios tantos para esta
batalla del morir? ¡Si yo no quiero
resistir a la furia de sus rayos!

Me dormiré sin esperar respuesta.
Tú ya sabes de sobra que te espero.
¡Sin caballos, Dios mío, sin caballos!

VII

Viví jugando a demasiadas cosas,
a vivir, a soñar, a ser un hombre.
Tal vez nazca al morir, aunque me asombre,
como nacen, soñándose, las rosas.

Dame tus manos misericordiosas
para que el corazón se desescombre.
Dime si es cierto que, al pensar tu nombre,
se vuelven las orugas mariposas.

Sé que los cielos estarán abiertos
y aún más abierta encontraré la vida.
Ya no seremos nunca más cautivos.

Ganaremos, perdiendo, la partida.
Y, pues hemos vivido estando muertos,
muriendo en luz despertaremos vivos.

VIII

Nunca podrás, dolor, acorralarme.
Podrás alzar mis ojos hacia el llanto,
secar mi lengua, amordazar mi canto,
sajar mi corazón y desguazarme.

Podrás entre tus rejas encerrarme,
destruir los castillos que levanto,
ungir todas mis horas con tu espanto.
Pero nunca podrás acobardarme.

Puedo amar en el potro de tortura.
Puedo reír cosido por tus lanzas.
Puedo ver en la oscura noche oscura.

Llego, dolor, a donde tú no alcanzas.
Yo decido mi sangre y su espesura.
Yo soy el dueño de mis esperanzas.

IX

Cuando los cuerpos vuelvan a la vida,
¿sabrán aún caminar? ¿O marcharemos
a tientas por las cosas? ¿Volveremos
a empezar, como niños, la partida?

La carne transparente y desvalida
¿se sentirá exiliada? ¿Buscaremos
andaduras, muletas, manos, remos,
en esta patria tan desconocida?

Como el enfermo vuelve vacilante
a caminar, como el desterrado
que no entiende el idioma de la gente,

el cuerpo estrenará, tambaleante,
su nuevo oficio de resucitado,
niños, por fin, reciennacidamente.

Parte tercera

Qué bien sé yo
la fonte

Aunque es de noche

"¡Qué bien sé yo la fonte que mana y corre
aunque es de noche!
Aquesta eterna fonte está escondida
en este vivo pan por darnos vida
aunque es de noche.
Aquesta viva fonte que deseo
en este pan de vida yo la veo
aunque es de noche."
San Juan de la Cruz

Poned sobre mi tumba mi nombre.
Y mi apellido: sacerdote.
Y nada más.
Porque jamás he sido
ni querido ser
otra cosa.
Cuidad de que mis manos queden libres
o atadas por la cinta
de mi ordenación.
Y nada más.
Procurad que mis ojos permanezcan
bien abiertos,
asombrados
aún de tanto amor
como me dieron en un lejano día
de San José.

Y decidle a la gente
que perdone,
si tantas, tantas veces me ahorré
yo, que era para ser repartido
como el pan que brotaba
de mis manos.
Explicadles que hubiera
deseado ser transparente para todos
yo, que sabía bien en dónde estaba
la fresca fuente fría de la que mana Dios.
Atrapado por Él en la lejana
jaula de mis veintidós años,
¡cuántas veces quise ser otras cosas
y me descubrí siendo
tan solo un expropiado
por utilidad pública, como un cisne encerrado
en su pequeño lago!
¡Y cómo me crecían las espigas
entre las manos! ¡Y cómo me guiaban
sin saber quién ni a dónde!
Y yo, que apenas era un niño, tenía
tantas almas colgadas de mis manos
que ni un gigante hubiera
podido levantarlas. Y llevaba
carbones encendidos en la boca
y no eran mías mis palabras,
ni mío mi corazón.
Pero aquellas palabras alquiladas
y mi prestado corazón caían rebotando

de alma en alma e iluminaban
sin que yo tuviera
aquella luz que a los demás cedía.
La fuente fría de Dios transcurría
dentro de mí, mientras yo estaba seco
y mis labios apenas conocían
la frescura de Dios que regalaban.
¡Ah, cómo me envolvía el misterio!
¡Qué pequeño y enorme el fruto de mis manos!
¡Qué oscura noche ceñía mis costados
mientras yo daba luz salida no sé de dónde!

Ahora ya sé bien que nada hice
que fuera mío. Que donde yo ponía
pan o vino, o mi cansancio y mis palabras,
Alguien lo convertía en carne y sangre,
cual si también yo mismo estuviera
consagrado.
Y que yo no sabría jamás
quién bendecía cuando yo bendecía
y que mi voz también amanecía en otros
aunque era noche en mí.

¡Oh, noche que guiaste
cada día mis pasos y que ahora
me sigues sosteniendo en el cansancio,
noche que multiplicas mi diminuto amor,
noche que alumbras mi paso vacilante hacia el final!
Déjame bendecirte con mis manos atadas

que te suplican:
Sigue, sigue,
río de Dios, lamiendo
mis resecas orillas;
sigue tú sosteniendo estos tartamudeos
que nada dicen, sino lo que tú dices
a través de mis labios asombrados;
sigue, pan, floreciendo entre mis dedos
hasta que un día duerman, por fin, mis huesos
mientras tú sigues
hablando a mis hermanos
a través de mi última, definitiva, noche.

Redondamente

A Pascua sabe el Pan, a Pascua viva,
un pan aún, apenas masticado,
y vivo ya, y ya resucitado.
Aún bajo tierra y ya volando arriba.

No hay nada que la muerte no reviva
y nada que, al nacer, no esté enterrado:
el Pan ya está en la hoz, y en el bocado
latiendo está la espiga primitiva.

Y Dios es Pan, y simultáneamente
el Pan ya es muerte, y ya la muerte es vuelo;
y el Pan, que es pan si lo miráis de frente,

es más que pan si levantáis el velo.
Que carne y pan y muerte y tierra y cielo
juegan al corro en Dios, redondamente.

La quemadura

En estos labios que vistió el pecado
con su oscura cortina enrojecida,
beso y mentira hicieron su guarida
y la falsa sonrisa su mercado.

¿Y Vos entráis en ella, descuidado,
en la boca del lobo? ¡Ved, mi vida,
que vais a ser, pues que perdí mi brida,
Dios en boca de un hombre desbocado!

¡Y si, al menos, locura hubiera sido
mi loco desbocarme! Pero lleno
de vacíos estoy, y he convertido

tu espuela, ¡oh, Dios!, ¡tu roja espuela!, en frenos.
¡Mas arda en mí tu Pan y habré vivido
loco de amor y desbocado al menos!

La pobre gente

"Los discípulos altercaron sobre
quién de ellos era el mayor"
(Lc 22,24)

Ahí los tienes, Señor: la pobre gente
por siglos de los siglos te rodea,
se arremolina, lucha, se pelea
por meter su nariz en tu corriente.

Haz un milagro bien fosforescente,
elegante, que todo el mundo vea
que sabes bien ser Dios, y que no sea
esa cosa de amar, que es tan corriente.

Morir no viste ya. Tú saca un largo
surtidor de palomas de un sombrero,
convierte en agua nuestro vino amargo

o acaricia a los judas, zalamero.
¡Te aplaudirán, Señor! Y, sin embargo,
¡oh, Pan, oh, Pan, milagro verdadero!

Ponedle a Cristo una venda en los ojos

Bien te aviso: dos horas solamente
y todos ya te habremos traicionado:
Judas te besará, yo habré besado,
los pedros mentirán cobardemente,

a tu costado acercará su lente
un eterno tomás desconfiado
y, si algún juan te sigue, ilusionado,
lo hará de lejos, muy prudentemente.

Mas Tú cierra los ojos. Tú equivóca-
te una vez más. Nosotros seguiremos.
Pero Tú inventa una esperanza loca:

quizás mañana, cuando traicionemos,
sonriamos pensando que aún tenemos
este Amor que llevarnos a la boca.

Segunda cruz

Esta mañana le he llevado la comunión
a una muchacha cancerosa.

Te hablo de Rosa. La conoces. Esta
mañana vuestras carnes se juntaron
y hasta quizá sus venas contagiaron
su cáncer a tu Cuerpo, sin protesta.

¡Oh, Cristo canceroso! ¡Cómo cuesta
esta segunda cruz! No te bastaron
ser hombre, barro, llanto, pan. Te resta
beber del cáncer la cruel apuesta.

¡Se va a morir! ¡Lo sabes! Ya en su vida
hay un ácido olor a sepultura
capaz de derribaros a los dos.

¡Salva, Cristo, tu Carne de esta herida!
¿Compartiréis la podredumbre oscura,
cuerpo de Rosa, corazón de Dios?

Jueves y viernes

Detrás del jueves vino el viernes: era
necesario. ¿O acaso alguien sabría
llegar impunemente a la osadía
de amar hasta la muerte y no muriera?

Antes del viernes vino el jueves: era
del todo necesario. ¿Quién podría
descender a esa muerte si no había
tal locura de Dios que sostuviera?

Jueves y viernes, juntos, amarrados,
como las dos muñecas de un demente,
como una tierra y cielo desposados.

Dios hecho pan y muerte juntamente.
Dios y la pobre gente, eternamente
esposados, unidos, amasados.

Información al Celeste

Huelen a Ti mis manos todavía
cuando vuelvo a las calles, a la hondura
del foso de la calle, a la locura
de ese vino que llaman alegría.

Y tu Sangre es apenas sangre mía
cuando toco mi miedo y mi amargura
y siento en mis orillas la tortura
del rodar sin porqué, día tras día.

Mira, Señor, al hombre. Se me olvida
cuando te estrujo entre mis manos, Cristo,
el mar de llanto que en mi pecho cabe.

Mañana entenderás lo que es la vida
cuando a gritos te cuente que hoy he visto
que el hombre es hombre, sufre y no lo sabe.

Alguien delante

¿Quién te sembró, Señor, en los trigales,
quién espió las nubes, quién rezaba
por tu Cuerpo de Pan cuando se alzaba
la amenaza del sol y sus puñales?

¿Quién envolvió en ternísimos pañales
mis diminutas manos, quién soñaba
al borde de mi cuna y me enseñaba
a hablar del vino y de los cereales?

¿Quién llevó las espigas a mi mano?
¿Quién acercó mi mano a las espigas?
¡Oh, custodiada vida! ¡Oh, caminante

guiado por un soplo sobrehumano!
Ya no sé dónde voy. Manos amigas
me llevan. Voy. Ya voy. Y alguien delante.

Dios malgastado

¿Cómo es posible, oh Dios, que cada día
yo levante tu Sangre entre mis manos
y que mis labios sigan siendo humanos
y que mi sangre siga siendo mía?

Treinta años sacerdote, y todavía
nada sé de tu amor, y he vuelto vanos
tus doce mil prodigios soberanos
y doce mil millones perdería.

¡No vengas más! ¡Refúgiate en tu cielo
o búscate otras manos más amigas!
¡Yo soy capaz de congelar tu fragua!

Me das amor, y te lo torno hielo.
Siembras tu Carne, y te produzco ortigas.
Viertes tu Sangre, y la convierto en agua.

Lo que veo

Ahora que estamos solos, Cristo,
te diré la verdad: Señor, no creo.
¿Cómo puedo creerme lo que veo
si la fe es creer lo que no he visto?

Si oigo tu voz en mí, ¿cómo resisto?
¿Cómo puedo buscar, si te poseo,
si te mastico, si te saboreo?
Esta es mi fe: Comulgo, luego existo.

No tendré que saltar sobre el vacío
para llegar al borde de tus manos
o poner en tu pecho mi cabeza.

Más dentro estás de mí que lo más mío.
Conozco más tu voz que a mis hermanos.
Que es más cierta tu fe que la certeza.

Nadie ni nada

Nadie estuvo más solo que tus manos perdidas
entre el hierro y la madera;
mas cuando el Pan se convirtió en hoguera,
nadie estuvo más lleno que tus manos.

Nadie estuvo más muerto que tus manos
cuando, llorando, las besó María;
mas cuando el vino ensangrentado ardía,
nada estuvo más vivo que tus manos.

Nada estuvo más ciego que mis ojos
cuando creí mi corazón perdido
en un ancho desierto sin hermanos.

Nadie estaba más ciego que mis ojos.
Grité, Señor, porque te habías ido.
Y Tú estabas latiendo entre mis manos.

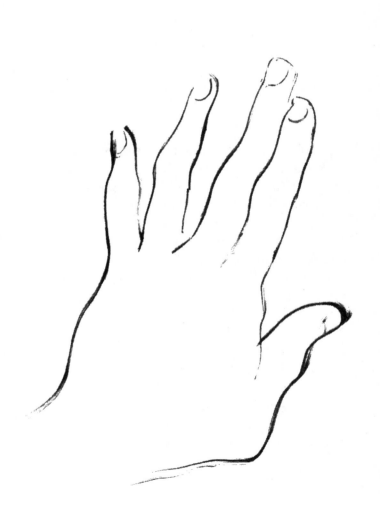

Parte cuarta
Final

Últimas voluntades

Yo,
    minúsculo ser de plumas y de llanto,
a los sesenta años de mi edad
y en pleno uso de mis facultades mentales, como
        suele decirse,
ante el Dios que invisible me escucha,
ante la primavera que vendrá dentro de seis meses
        y no sé si veré
(pero que está viniendo, sí, y cuyos pasos escucho ya
        si aplico mis oídos al suelo),
ante la luz que canta y afirma en mi ventana,
ante todos los dolores que –incluidos los míos–
        incendian el planeta,
quiero confesar mi certeza
de que he sido amado,
de que lo soy,
de que todos los vacíos que tengo
acaban construyendo cada día un gozo diminuto
        y suficiente.

Quiero confesar que he sido y soy feliz,
aunque en la balanza de mi vida
sean más los desencantos y fracasos,

porque, aunque todos se multiplicasen,
aún no borrarían la huella de tus besos.
¿De tus besos o de tus uñas, Halcón? No lo sé. Es lo
mismo.
Y en esta última (o penúltima) curva de mi vida
dispongo testamentariamente de las muy pocas cosas
que he tenido.

Ante todo, devuelvo (como Jorge Manrique nos
enseña)
el alma a Quien me la dio.
Usada está. Incompleta.
Se me fueron quedando jirones en las zarzas de la
vida
y a veces regalé sus mejores retazos a cambio de un
beso o un elogio.
Mas nunca, Tú lo sabes, la di entera.
Tú la habías marcado con tu hierro como los lomos
de un animal esclavo,
y siempre
sentí tu quemadura como un dolor bendito.
Ahí la tienes de nuevo.
Solo sirve
porque aún le queda un poco del olor a tus manos.

Doy mi cuerpo a la tierra, que es su dueña.
Se lo doy con dolor y desgarrándome,
porque lo he amado mucho
y porque me ha servido como un cachorro fiel.

Doy mis manos, estas que ahora escriben,
estas que tantas veces fueron como un guante de mi
    alma,
estas que amasaron millones de palabras
que iban luego rodando a otros corazones
y me hacían vivir a la vez en muchas almas.
Doy mis ojos también
y cuanto almacenaron durante sesenta años:
soles y nieves, melenas y sonrisas, llantos y angustias,
    pájaros y nubes.
Fueron a veces pañuelos de otros ojos o tiburones de
    lascivia,
o bálsamo en la herida, o mensajeros de mi soledad.
Dicen que, hasta cuando sonrío, brota de su último
    fondo un hilo de tristeza,
pero dicen también que se abrían fácilmente al amor
    y a la amistad.
No sé. Que lo averigüen un día los gusanos.

Devuelvo mi pobre corazón con todas sus heridas.
¡Ah, si pudiera yo prestárselo a otro pecho
para que, llagado y todo, siguiera caminando,
incluso con su par de muletas!
Pero ¿a quién le cabría dentro este hotel,
esta plaza de toros que desborda mi tórax,
este ring de boxeo en el que tantas veces luché
    conmigo mismo?
¡Ah, corazón, dulce, querido, monótono corazón
    mío!

No dejes que te curen si un día resucitas.
Tú eres así.
Me gustas incluso con tu cardiomegalia,
la misma que un día hizo dormirse para siempre el
    de mi madre.

Y en este testamento he de dejar aún mi única
    riqueza:
mi esperanza.
Tengo metros y metros para hacer con ella millones
    de banderas,
ahora que tantos la buscan sin hallarla,
cuando está delante de los ojos,
porque Tú, Halcón,
bajaste de los cielos solo para sembrarla.

No, Mundo, sábelo: no me resignaré jamás a tu
    amargura,
no dejaré que el llanto tenga sal,
ni que al dolor le dejen la última palabra,
no aceptaré que la muerte sea muerte
o que un testamento sea un punto final.

Si me muero (que aún está por ver)
envolvedme en su bandera verde
y estad seguros de que mi corazón sigue latiendo,
    aunque esté más parado que una piedra,
estad seguros
de que, aunque mi sangre esté ya fría,
yo seguiré amando.

Porque no sé otra cosa.
Solo por eso:
porque no sé otra cosa.

Últimas noticias
sobre la muerte del autor

I

Se lo encontraron muerto una mañana
de principios de otoño. Sonreía
dando gracias al sol, que aún lamía
su piel tras el cristal de la ventana.

Dijeron que sonaba una campana
y que él, desde la muerte, todavía
la quería escuchar y que tendía
las muertas manos a la voz lejana.

Dicen que el cuerpo estaba acurrucado
como el de un pequeño que quisiera
regresar hasta el punto de partida.

Aseguran que no estaba asustado
y jugaba a morir, como si fuera
el último recreo de su vida.

II

Antes que sus amigos, se enteraron
de su muerte las cosas, las queridas
cosas que tanto amó, que, sorprendidas,
a su cuerpo caído se acercaron.

"¿Por qué no ríe ya?", se preguntaron
los bolígrafos viudos, las dormidas
librerías, las sábanas caídas
que por última noche le arroparon.

Todo esperaba el roce de sus dedos,
todos querían volver a su mano,
porque, en su muerte, todos se morían.

Y allí quedaron los objetos quedos,
acariciando al pobre muerto humano
con los últimos besos que tenían.

III

Cuando llegó, la gente no entendía
que estuviera tan muerto, tan dormido,
aquel muchacho que no había sabido
más que vivir, vivir, mientras vivía.

¿Qué vas a hacer, la gente le decía,
ahora que estás tan muerto, tan herido,
ahora que tus jardines han huido
y que se te ha extraviado la alegría?

¿Cómo amará tu corazón parado?
¿Qué harás si la esperanza se te acaba?
¿Podrás vivir en la tiniebla fría?

Pero él seguía allí, muerto y helado.
Pero él estaba muerto y se callaba.
Pero él estaba muerto y no sabía.

IV

Él no sintió que el cuerpo iba quedando
duro, de piedra solitaria y fría.
No comprobó que el corazón dormía
y que la última sed se iba apagando.

Pero allá, en algún sitio, suplicando
se oyó su muerta voz, que repetía
que aceptaba morir, pero quería
salvar lo que se estaba marchitando.

Salvar la pobre carne de la muerte,
rescatar del gusano aquellas manos
y el niño corazón que tanto amara.

Pero estaba jugada ya su suerte:
era el precio que pagan los humanos.
Porque la vida siempre sale cara.

V

Y entonces vio la luz. La luz que entraba
por todas las ventanas de su vida.
Vio que el dolor precipitó la huida
y entendió que la muerte ya no estaba.

Morir solo es morir. Morir se acaba.
Morir es una hoguera fugitiva.
Es cruzar una puerta a la deriva
y encontrar lo que tanto se buscaba.

Acabar de llorar y hacer preguntas;
ver al Amor sin enigmas ni espejos;
descansar de vivir en la ternura;

tener la paz, la luz, la casa juntas
y hallar, dejando los dolores lejos,
la noche-luz tras tanta noche oscura.

Índice